ENQUÊTE

POUR CONTRIBUER A L'ÉTUDE

DU

Projet de Réglementation

DE LA

PROFESSION D'AGENT D'AFFAIRES

POURSUIVIE ET PRÉSENTÉE

PAR

Le Syndicat Professionnel des Hommes d'affaires de France et des Colonies

SIÈGE SOCIAL :

22, Boulevard Poissonnière, à Paris

ET

La Compagnie des Hommes d'Affaires du Département de la Seine

SIÈGE SOCIAL :

163, Rue Saint-Honoré, à Paris

Messieurs les Députés,
Messieurs les Sénateurs,

Messieurs,

Plus qu'aucune autre, la profession d'homme d'affaires a été, de tous temps, décriée. Ceux qui l'exercent et qui, cependant, paient comme tous les autres citoyens, des impôts et aussi une patente très importante, ne se voient pas accorder, en échange de ces obligations, la considération que rencontrent les autres commerçants. Si elle est exagérée, la défiance dont elle est entourée est cependant justifiée. A côté des hommes probes et honnêtes qui exercent cette profession, et qui se sont rencontrés là comme ailleurs, se sont glissés des individus sans scrupules, pour la plupart tarés et déjà condamnés et qui n'hésitent pas à sacrifier à leurs intérêts propres ceux de leurs clients. Ce sont eux qui, par leurs agissements, ont justifié la mauvaise réputation dont jouissent tous les hommes d'affaires.

Dans l'intérêt général de la profession, il importait que les hommes d'affaires honnêtes et sérieux qui ont souci de leur mission et de leur réputation se solidarisent pour demander aux législateurs de réglementer une profession vraiment par trop libre. C'est ce qu'ont compris des groupements importants, tels que le Syndicat professionel des Hommes d'Affaires de France et des Colonies, la Compagnie des Hommes d'Affaires de la Seine, qui ont pris l'initiative de cette réglementation.

Déjà, il y a vingt ans, cette initiative avait été prise par le groupement le plus ancien, la Compagnie des Hommes d'Affaires, mais la proposition de loi, transmise à la Chambre, n'a pas été discutée.

Ils espèrent, avec le concours de tous ceux qui ont souci de pratiquer honnêtement la direction des affaires d'autrui, arriver à faire accepter par le Parlement et les Pouvoirs publics, le projet de loi qu'ils ont élaboré et qui n'impose qu'une condition à ceux qui veulent exercer cette profession : l'honnêteté reconnue et à l'abri de tous soupçons.

Il ne faut pas se dissimuler que le but ne sera, si cette loi est votée, qu'à demi atteint, puisqu'il ne sera exigé que la reconnaissance officielle de la respectabilité : un casier judiciaire immaculé.

Cependant, l'on évitera, par sa production, de voir s'établir hommes d'affaires des individus plusieurs fois condamnés ou d'anciens commerçants en faillite qui émettent la bizarre prétention de diriger les affaires des autres quand ils n'ont pas su conduire les leurs.

Une réglementation sagement imposée à tous ceux qui s'occupent d'affaires sera un bienfait non seulement pour le public qui s'habituera peu à peu à ne plus tenir ses mandataires en suspicion, mais aussi pour ces mandataires eux-mêmes. Ce sera pour eux une sorte de régénération qui devra désormais les mettre à l'abri des préjugés plus ou moins justifiés qui planent sur leur corporation et l'on ne pourra plus dire ce que l'on dit actuellement à chaque instant : « que la profession d'agent d'affaires est un moyen et non un but et qu'elle est la profession de ceux qui n'en ont plus aucune. »

Aujourd'hui, les hommes d'affaires ne sont rien ; rien ne les distingue du premier venu et s'ils sont l'objet de quelque considération de la part de leurs clients, ou de ceux qu'ils fréquentent, cette considération est toute personnelle et uniquement basée sur la façon honnête dont quelques-uns procèdent, mais non pas sur leur profession elle-même.

Il est nécessaire qu'ils occupent leur place dans notre grande société moderne et il faut qu'au lieu de répondre d'une façon évasive à ceux qui les interrogent sur leurs occupations, les hommes d'affaires puissent répondre la tête haute : « Oui je suis homme d'affaires et par cela-même, je porte un brevet d'honnête homme. »

Ils ne demandent pas qu'il leur soit concédé un monopole, un privilège ou une prérogative dans le genre de ceux dont jouissent les officiers ministériels ; ils sollicitent seulement une réglementation de leur profession qui leur permette de l'exercer librement.

Ils ne veulent pas enlever le droit que peut avoir tout citoyen d'exercer cette profession libre ; ils ne demandent pas pour ceux qui voudront s'établir la justification de connaissances spéciales de droit ou de commerce, mais seulement la preuve indubitable de leur honnêteté, ils ne veulent plus qu'autour des hommes d'affaires, viennent se grouper des récidivistes, des officiers ministériels destitués à la suite de condamnations judiciaires, des faillis non concordataires. Ils ont essayé de rendre le plus simple possible les formalités nécessaires pour l'exercice de cette profession et c'est la preuve même qu'ils ne désirent pas constituer à leur profit un privilège ou un avantage quelconque, mais seulement la réglementation d'une profession décriée et la considération à laquelle ont droit des citoyens honorables, travailleurs, ayant conscience de remplir fidèlement leur devoir.

Des études combinées des deux Syndicats est résulté la proposition de loi que nous avons l'honneur de vous soumettre.

Cette proposition a été soumise à l'examen de plusieurs corporations commerciales ou industrielles et leurs congrès ont émis des vœux répétés en faveur de notre projet. (Documents annexés pages 32 et suivantes).

Partageant entièrement les vues de M. Doumergue, ministre du Commerce, sur les attributions des Chambres de commerce, exprimées dans le discours prononcé à la tribune du Sénat, le 4 novembre dernier, et dans lequel il disait notamment :

« J'ajoute qu'en dehors de ces attributions, les Chambres de commerce ont la faculté d'émettre de leur propre initiative des vœux sur les changements projetés dans la législation douanière, commerciale et économique ».

Nous avons, en vertu de cette doctrine, soumis à l'appréciation de ces Compagnies, l'exposé et le texte de notre proposition de loi.

Les documents annexes (pages 11 à 31) donnent une appréciation suffisante pour qu'il soit superflu d'insister.

PROPOSITION DE LOI

tendant à la Réglementation de la Profession d'Homme d'Affaires

EXPOSÉ DE MOTIFS

Dans les transactions auxquelles donnent lieu les achats et les ventes d'immeubles ou de fonds de commerce ou encore les transactions mobilières ou immobilières, les intermédiaires sont pour ainsi dire indispensables.

Leur utilité est nécessaire surtout, lorsqu'ils sont capables et qu'ils agissent avec loyauté et discrétion.

S'il s'agit de mandataires et de représentants en justice, ces qualités ont besoin d'être affirmées avec plus de force encore.

La loi qui prévoit que devant les Justices de Paix et Tribunaux de Commerce les parties pourront comparaître par elles-mêmes ou par mandataires munis d'un pouvoir à cet effet, a donné naissance à une catégorie de défenseurs officieux dont l'utilité s'est fait de plus en plus sentir en raison précisément de l'extension croissante des opérations commerciales.

Tel commerçant vendant ses produits à plusieurs centaines de kilomètres a fort souvent des litiges de natures diverses : fera-t-il le déplacement pour défendre ses intérêts dans une opération de peu d'importance par elle-même mais dont la répétition deviendrait bientôt désastreuse pour ses affaires ?

Non. Il préfère moyennant une rétribution honnête, donner le soin de ses intérêts à un intermédiaire ayant sa confiance.

La facilité et la rapidité des transports a eu pour résultat de déplacer l'activité des individus.

Mais ces individus qui ont transporté leur activité dans des régions souvent fort éloignées ne l'ont pas fait (et ceci est une caractéristique du tempérament français) sans esprit de retour. Ils ont par suite, le plus souvent, laissé derrière eux au pays natal, des intérêts dont quelqu'un aura la charge. L'homme d'affaires trouve dans cette situation l'emploi de ses facultés.

On nous objectera que ces diverses représentations sont assurées par les différentes catégories d'officiers ministériels ou judiciaires organisées.

A cela nous répondrons que ces organisations vénérables par leur ancienneté ne cadrent plus avec l'intensité de l'activité moderne.

Confinées qu'elles sont dans des règles étroites, et en raison de leur monopole, elles ne connaissent pas l'émulation qui naît des initiatives individuelles, elles ne rendent pas tous les services en vue desquels elles ont été créées. Au surplus, certaines missions accessibles aux agents d'affaires à quelque catégorie qu'ils appartiennent sont de par les lois ou décrets organiques formellement interdites aux officiers ministériels, qui bien souvent d'ailleurs, passent outre à ces interdictions.

La nouvelle loi sur l'extension de la compétence des Juges de Paix, a augmenté la proportion des affaires appelées devant cette juridiction.

Cette loi édicte bien que les avocats et avoués seront dispensés de procuration. Mais cette disposition n'atteint pas le but qui était ambitionné, les honoraires de ces mandataires officiels étant exagérés eu égard à l'importance des affaires confiées.

Cette situation a eu pour effet d'accroître l'utilité de l'agent d'affaires.

S'il s'agit de la catégorie des agents d'affaires ayant spécialisé leurs efforts dans les négociations immobilières, commerciales et industrielles, leur utilité est tout aussi évidente.

Par leur entremise, en effet, les opérations sont plus rapides, plus sûres. Sans eux, les vendeurs et les acheteurs sont exposés à rester fort longtemps sans se rencontrer et s'entendre.

Puis, dans les pourparlers quelquefois très vifs, de demandes et offres de prix, les intermédiaires honnêtes interviennent de la manière la plus heureuse comme conciliateurs, soit pour supprimer des débats naturellement intéressés, soit pour les amoindrir en jouant le beau rôle de tiers arbitre. Enfin, lorsqu'il s'agit de la convention à intervenir, les intermédiaires qui ont, à la fois la science et la pratique juridiques, préviennent toutes fâcheuses contestations d'interprétation en donnant la clarté à l'acte préparatoire précédant celui du notaire, évitant tout procès désagréable et coûteux pour les deux parties.

Mais afin qu'il soit à la hauteur d'utilités à la fois aussi multiples, aussi fécondes, l'intermédiaire doit être un homme loyal, capable et discret. En ce cas, son agence devient véritablement un terrain neutre, un marché officieux, incessant, où peuvent venir se rencontrer chaque jour le Capitaliste en recherche d'un bon achat ou d'un fructueux placement, avec le vendeur qui a besoin de faire une rapide réalisation quelconque.

Avec l'intermédiaire, chacun des deux intéressés a la possibilité de trouver en quelques heures ou en peu de jours, des solutions qui sans agence servant de point de contact, demanderaient souvent beaucoup de temps qui serait perdu pour l'intérêt des capitaux comme pour les améliorations de situations personnelles.

Donc, à quelque point de vue que l'on se place, les intermédiaires, tels que nous les comprenons, sont véritablement des personnes d'intérêt général, plutôt que d'intérêt privé.

Le public, les affaires de toute une cité, de toute une région, y gagnent en réalité beaucoup plus que les intermédiaires. Aussi leur utilité n'est-elle niée par personne; au contraire, chacun, à l'occasion, recourt à leur intervention.

Le champ des opérations des intermédiaires qui était autrefois purement local, s'est, sous la poussée du progrès, étendu de plus en plus, de sorte que les opérations traitées directement ou en collaboration par les hommes d'affaires, s'étendent insensiblement aux régions les plus éloignées, voire même à l'étranger. Tant que l'intermédiaire était un agent local, ses commettants pouvaient toujours et très facilement s'édifier d'une manière suffisante sur sa moralité et ses capacités, et par suite, ne placer leur confiance qu'à bon escient. Avec l'extension des transactions et des clientèles, il n'en est plus ainsi ; d'où la nécessité de donner au public appelé à avoir recours aux services des agents d'affaires, les garanties qu'il est en droit d'exiger de ceux qui, à un titre quelconque, peuvent être chargés des intérêts d'autrui.

Cette nécessité n'est pas d'aujourd'hui. Le Parlement a déjà été saisi de la question sous forme d'un projet de loi déposé par l'honorable Monsieur Julien GOUJON et plusieurs de ses collègues. La procédure parlementaire ne permit pas à ce projet de venir en discussion en temps utile.

L'exposé des motifs qui précédait ce projet de loi est toujours d'actualité. Il stigmatisait énergiquement les hommes d'affaires louches qui, ne reculant devant aucune compromission, portent le plus grave préjudice à la réputation de ceux qui exercent leur profession avec loyauté.

L'exposé des motifs du projet de Loi de M. Julien GOUJON s'exprimait ainsi :

« A côté des officiers ministériels et publics, avoués, huissiers, « greffiers, notaires, etc., qui sont nommés dans des conditions « présentant les garanties les plus sérieuses au point de vue de la « capacité et de la probité, et restent soumis au cours de leur « carrière à un contrôle très sérieux de la part des Chambres de « discipline et des parquets, on voit se multiplier de plus en plus « les agents d'affaires.

« La situation juridique de ces derniers est bien simple. Le « code de commerce les assimile aux commerçants, dont ils doivent « remplir les obligations et c'est tout. Ils ont toute liberté pour « ouvrir un office.

« Pour si incapables qu'ils soient et si mauvais que soit leur « passé, ils ne relèvent d'aucune autorité disciplinaire, et pourtant « ils obtiennent très souvent la gestion des intérêts les plus graves. « De là naissent des abus révoltants auxquels nous croyons que le « moment est venu de mettre fin.

« Le texte que nous soumettons à l'examen de la Chambre n'a « nullement pour but d'interdire les Cabinets d'Affaires. Ce serait « là une mesure excessive qui atteindrait de la façon la plus injuste « nombre de citoyens honorables. Nous estimons seulement que « cette profession est d'une nature particulièrement délicate, et que, « comme celle des Directeurs de placement, etc., elle doit être « réglementée. Ceux qui l'exercent font appel à la confiance du « public. Cela suffit pour qu'elle ne puisse être ouverte aux gens « tarés et aux repris de justice.

« Dans l'état actuel de la législation, rien n'empêche un individu « plusieurs fois condamné pour vol de se présenter sous un titre « pompeux qui en impose aux naïfs : Homme de loi, directeur de « contentieux et bien d'autres encore. Il a le droit d'installer un « cabinet dont l'aspect offre les apparences d'une étude d'officier « ministériel, sans oublier les panonceaux.

« Des insertions publiées dans les journaux révèleront au public « qu'il fait les opérations les plus diverses et les plus importantes, « qu'il représente les parties devant les Tribunaux, s'occupe de « prêts hypothécaires, vend des fonds de commerce, encaisse les « rentes et les loyers, constitue les sociétés commerciales, liquide « les successions, etc.

« Bien des gens éblouis par cette réclame se méprennent sur la
« véritable qualité de celui qui peut tant de choses et voient en lui
« l'homme de loi véritable, c'est-à-dire un personnage quasi
« officiel présentant toute garantie. Souvent, d'ailleurs, une nou-
« velle poursuite ouvre les yeux des clients que de si brillants dehors
« avaient séduits, et les malheureux s'aperçoivent trop tard qu'ils
« ont mis leur fortune entre les mains d'un escroc.

« Ce sont là des surprises contre lesquelles le législateur a le
« droit de prémunir les citoyens.

« Ce devoir lui incombe d'autant plus que ce sont surtout les
« petits et les humbles qui sont victimes de la rapacité et de la
« malhonnêteté des praticiens véreux.

« Il n'est pas rare de voir de pauvres gens, qui, après avoir
« amassé un modeste pécule, le confient pour en opérer le pla-
« cement à n'importe quel agent d'affaires. Si le dit agent d'affaires
« est indélicat, il ne court aucun risque à consommer jusqu'au
« dernier sou la somme déposée. En effet, comme la remise de
« fonds est généralement consentie sous la forme de prêt, il n'est
« aux yeux de la justice, après avoir tout dévoré, qu'un débiteur
« insolvable. Nous n'en finirions pas, si nous voulions énumérer
« les abus graves qui peuvent être reprochés à certaines catégories
« d'agents d'affaires.

« Ajoutons que les personnes dupées par de tels agissements
« confondent dans leur légitime indignation tous ceux qui, à quelque
« titre que ce soit, s'occupent d'affaires. Les avocats, notaires, avoués
« pâtissent de ces scandales et se voient discrédités du même coup.

« Une autre raison non moins grave rend nécessaire le contrôle
« des cabinets d'affaires.

« Devant les Tribunaux de commerce et les Juges de Paix, les
« parties s'expliquent par elles-mêmes ou par un mandataire muni
« d'un pouvoir spécial. Les agents d'affaires sont fréquemment
« chargés de ce soin, ce qui leur. fournit l'occasion de pénétrer dans
« le prétoire et de jouer le rôle d'avocats.

« Or, il peut arriver et il arrive que des individus tarés sont
« pris comme défenseurs par les judiciables. Après avoir comparu
« devant les Juges pour leur propre compte et comme prévenus
« d'actes que punit le Code pénal, ils viennent donc plaider et
« éclairer la religion des magistrats.

« Nous n'admettons pas qu'un Tribunal, si modeste qu'il soit,
« puisse subir un tel affront et soit exposé à donner audience, sans
« le savoir, à un récidiviste plusieurs fois condamné pour vol. Il y
« va de la dignité de la Justice. Pour ces différents motifs, nous
« estimons qu'il y a lieu d'exiger une déclaration de tous ceux qui,
« moyennant salaire, voudront s'occuper des affaires d'autrui.

S'il n'est que trop vrai qu'il existe des hommes d'affaires qu'il
importe de mettre dans l'impossibilité de continuer leurs agissements déplorables, il faut reconnaître qu'il en existe d'autres et
de nombreux qui, fidèles et loyaux, subissent d'autant plus
durement le contre coup de la suspicion provoquée par les agissements des premiers.

L'éminent jurisconsulte DALLOZ a dit, en effet, de ces hommes
d'affaires si injustement calomniés dans leur généralité :

« Il a pu s'en trouver un grand nombre qui ont démérité de
« l'estime publique. Mais, de même que les banqueroutes, qui

« souvent affligent le commerce, ne portent aucune atteinte à
« l'honneur du négociant qui a su par sa loyauté et ses habitudes
« d'ordre maintenir l'intégrité de son crédit, de même ainsi les
« agents d'affaires devraient être exempts de toute solidarité avec
« ceux de leurs confrères dont les fautes ont terni la réputation.

« Au reste, quelle que soit la source des préventions défavorables
« auxquelles les agents d'affaires sont en butte, il est certain qu'elles
« sont injustes dans leur généralité. Parmi eux se trouvent invaria-
« blement des hommes d'une probité irréprochable et d'un mérite
« éminent, qui figureraient très certainement parmi les plus hautes
« notabilités de notre époque, ils avaient suivi une autre carrière.

Néanmoins, la multiplicité des hommes d'affaires véreux fait
que le grand public englobe dans une juste méfiance la généralité
des hommes d'affaires. Il est grand temps de réagir.

Les hommes d'affaires sérieux sont unanimes à demander cette
réglementation, nous n'en voulons retenir pour preuve que les
vœux nombreux que toutes leurs organisations officielles, syndicats,
chambres syndicales ou associations, ont émis en diverses circons-
tances. Ils n'ont pas craint de demander à leurs clients eux-mêmes
d'appuyer leurs revendications, et c'est ainsi que nous avons vu la
Ligue des Groupes commerciaux et industriels de France émettre
dans ses récents Congrès des vœux en faveur de cette réforme.

Il est nécessaire que les hommes d'affaires honnêtes occupent la
place à laquelle ils ont droit dans notre grande Société moderne et il
faut qu'au lieu de répondre d'une manière évasive à ceux qui les
interrogent sur leurs occupations, ils puissent se prévaloir d'une
profession honorable lorsqu'elle est loyalement exercée.

Ils ne demandent pas qu'il leur soit octroyé un monopole, un
privilège ou une prérogative dans le genre de ceux dont jouissent
les officiers ministériels ; ils sollicitent simplement une réglementation pour une profession libre exercée librement par tous ceux
qui pouvant justifier d'un passé honorable voudront l'exercer avec
la loyauté que la Loi à défaut de la conscience édictera.

Une nation voisine, la Suisse, nous a déjà devancés dans cette
voie et la patente d'hommes d'affaire n'y est délivré qu'à la suite de
certaines formalités édictées en vue de donner au public les garanties
nécessaires.

Les Tribunaux de Commerce avaient résolu la question en dési-
gnant des agréés, mais il convient de remarquer que cette manière de
procéder est absolument contraire au principe de la séparation des
pouvoirs, il est anormal de voir un corps judiciaire, surtout élu,
désigner une catégorie de citoyens à la confiance des autres. En
outre, les Tribunaux Consulaires en limitant le nombre des agréés
et en admettant la successibilité, ont créé en dehors de la loi une
nouvelle catégorie d'officiers ministériels.

La patente d'homme d'affaires accordée après le vote du projet
de loi que nous avons l'honneur de vous soumettre, remplacera cette
désignation et ne présentera aucun des inconvénients qu'on peut
relever actuellement.

De plus, la sélection ainsi opérée fera sentir ses effets dans le
prétoire de la Justice de Paix, et ce résultat est d'autant plus
précieux à obtenir que c'est précisément là que l'on rencontre le
plaideur (plus naïf) apte à devenir la proie des aigrefins. L'extension
de la compétence a tout dernièrement rendu le mal plus grave, et
plus impérieuse la nécessité d'y porter remède.

PROPOSITION DE LOI

Article Premier. — La profession d'Homme d'Affaires est libre et le nombre des Hommes d'Affaires est illimité.

Toute personne qui, s'occupant habituellement et moyennant salaire des affaires d'autrui, litigieuses et non litigieuses, est tenue de faire par écrit, une déclaration indiquant ses nom, prénoms, âge, lieu de naissance et domicile ; à l'appui de cette déclaration elle devra joindre son casier judiciaire délivré dans le mois précédent.

Cette déclaration sera faite :

1°. — A Paris, à la Préfecture de police ;

2°. — Dans les villes où siège un Tribunal de première instance, au greffe de ce Tribunal ;

3° Dans tout autre lieu, au greffe de la Justice de Paix du canton.

Il en sera donné immédiatement un récépissé de dépôt, et dans la huitaine s'il y a lieu, autorisation d'exercer.

Art. 2. — Ne peuvent exploiter un Cabinet d'Affaires ni par eux-mêmes ni par personnes interposées :

1° Les individus condamnés pour crimes ou délits de droit commun emportant privations des droits civiques ;

2° Les officiers ministériels destitués à la suite de condamnations judiciaires.

3° Les mineurs non émancipés et les personnes interdites ou pourvues de Conseil judiciaire.

Art. 3. — Toute mutation dans la personne du titulaire du Cabinet d'affaires donnera lieu pour le successeur aux formalités édictées à l'article 1er ci-dessus à moins que le successeur ne soit déjà un homme d'affaires en exercice.

Dans le cas où le successeur projeté d'un cabinet viendrait d'une autre commune où il serait déjà en exercice il lui suffira de déclarer ses intentions et la date future de son entrée en jouissance, au moins huit jours à l'avance au greffe de la Justice de Paix de la commune où il doit s'installer, ou bien au greffe du Tribunal de première instance, s'il s'agit d'une ville où siège un semblable Tribunal.

S'il y a déclaration en un greffe de la Justice de Paix cette déclaration sera transmise sous les cinq jours au Parquet de l'arrondissement, et Monsieur le Procureur de la République en décernera un récépissé au nouveau titulaire du Cabinet, sauf le cas improbable où il lui serait révélé des motifs d'opposition qui auraient échappé jusque là mais pour des faits qui se seraient passés dans le cours des deux années précédant la promulgation de la présente loi.

Art. 4. — La faculté d'exercer la profession d'Hommes d'Affaires sera retirée de plein droit à toute personne tombant sous les cas prévus à l'article 2 de la présente loi, ainsi que dans le cas où le titulaire déposerait son bilan.

Toutefois, avant d'obliger le titulaire d'un Cabinet d'affaires qui serait tombé en faillite ou liquidation ou qui sera décédé après être tombé dans des cas d'indignité, à fermer son Cabinet ; dans l'intérêt de ses créanciers et de ses héritiers, le cas échéant, il sera laissé trois mois, soit à son syndic ou à son liquidateur, soit à ses ayants droit, pour rechercher et trouver, si possible, un cessionnaire du Cabinet.

Si le titulaire a été condamné pour un délit de droit commun sauf le cas de faillite, ou si dans le cours de son exercice d'homme d'affaires, il a été interdit ou pourvu d'un Conseil judiciaire, son Cabinet pourra rester ouvert pendant trois mois à dater du jour où l'incapacité sera définitivement établie et ce pour lui rechercher et trouver, si possible, un cessionnaire, à condition qu'il fasse gérer son Cabinet pendant ces trois mois, soit par un homme d'affaires en exercice, soit par un officier public : en ce cas il devra aussitôt faire connaître par lui-même ou par le représentant de son choix au Parquet de l'arrondissement ou au greffe de la Justice de paix de son canton, suivant le lieu de son établissement le choix qu'il aura ainsi fait.

Art. 5. — Toute infraction à la présente loi sera punie d'une amende de 50 à 1.000 francs.

En cas de récidive le prévenu sera condamné, en outre à une amende de 100 à 2.000 francs et à un emprisonnement de six jours à un an.

Les extraits de ces condamnations seront publiés dans un ou plusieurs journaux de l'arrondissement aux frais du condamné ; cette publication devra être ordonnée par les Tribunaux ou les Cours devant lesquels les poursuites seront exercées.

L'Art. 463 du Code pénal sera applicable en cas d'infraction à la présente loi.

Art. 6. — Les Hommes d'Affaires qui seront en exercice lors de la promulgation de la présente loi devront s'y conformer dans les trois mois qui suivront cette promulgation.

Toutefois seront dispensés de toutes formalités à cet égard, ceux qui feront partie d'un Syndicat professionnel d'Hommes d'Affaires, dont les Statuts excluront de son sein toutes les personnes tombant dans les cas prévus par l'article 2 ci-dessus.

Pour tous les titulaires de Cabinets d'affaires se trouvant dans ce cas, l'autorisation visé à l'article 1er de la présente loi leur sera délivrée par M. le Procureur de la République de leur arrondissement sur la justification de leur inscription sauf le cas improbable où il serait révélé des motifs d'opposition qui auraient échappé jusque là, mais pour des faits qui se seraient passés dans le cours des deux années précédant la promulgation de cette loi.

Ces titulaires devront retirer au Parquet leur autorisation dans les trois mois de la dite promulgation.

CONSULTATIONS OFFICIEUSES

Désireux d'avoir sur ce projet des avis autorisés, nous l'avons communiqué aux Chambres de commerce dans les termes ci-après ; nous donnons à la suite les observations et les réponses obtenues.

Monsieur le Président de la Chambre de Commerce,

Le Syndicat Professionnel des Hommes d'Affaires de France et des Colonies, la Compagnie des Hommes d'Affaires de la Seine et le Syndicat des Mandataires au Tribunal de Commerce de la Seine, conscients du discrédit jeté sur notre profession, honorable lorsqu'elle est loyalement exercée, en poursuivent depuis longtemps le relèvement moral.

Il leur a paru que le moyen le plus efficace d'atteindre le résultat ambitionné était de demander aux pouvoirs publics des mesures destinées à exclure de la corporation tous les individus tarés ou de moralité douteuse et cela en subordonnant la délivrance de la patente d'agent d'affaires à l'accomplissement de certaines conditions.

La Suisse nous a devancés dans cette voie, et nos voisins ont estimé avec raison que notre profession faisant appel à la confiance du public, il était équitable d'imposer à ceux qui l'exercent des garanties destinées à sauvegarder les intérêts du public.

Animés de cet esprit, les trois groupements sus-indiqués, ont préparé un projet de Loi qu'ils se proposent de soumettre au Parlement.

Pour que vous puissiez l'apprécier complètement, nous vous adressons le texte de ce projet ainsi que l'exposé des motifs.

Ce projet, nous ne nous le dissimulons pas, est susceptible d'amendements. Aussi bien, en le soumettant à l'examen de l'honorable Compagnie que vous présidez, c'est son esprit surtout que nous recommandons à toute votre attention.

Les critiques que vous pourriez avoir à faire à notre projet seront prises en sérieuse considération.

Nous serions heureux, si vous estimez notre entreprise convenable, de recevoir votre approbation.

Dans l'attente d'être honorés de votre réponse, nous vous prions, Monsieur le Président, d'agréer l'assurance de notre considération la plus distinguée.

CHAMBRE DE COMMERCE DE BLOIS
et de Loir-et-Cher

EXTRAIT DU REGISTRE DES DÉLIBÉRATIONS

Séance du 1er Octobre 1907

Présidence de M. Albert POULAIN, Président

Rapport de M. LABBÉ

« Messieurs,

« Le Syndicat des Hommes d'affaires de France et des Colonies
« nous adresse un projet de loi tendant à exclure de la corporation
« tous les individus tarés ou de moralité douteuse.

« Le Syndicat prie les Chambres de Commerce de vouloir bien
« examiner ledit projet.

« La Chambre des Députés a déjà été saisie de la question ;
« M. Julien Goujon a déposé un projet de loi sur l'exercice de la
« profession d'homme d'affaires, mais ce projet n'a pas encore été
« discuté.

« Après examen des motifs à l'appui du projet portant régle-
« mentation de la profession d'homme d'affaires et du projet de loi
« lui-même, je vous propose, Messieurs, de l'approuver sans aucune
« restriction *et de décider que notre délibération sera transmise au*
« *Syndicat professionnel des Hommes d'Affaires, à M. le Mi-*
« *nistre du Commerce et de l'Industrie, à M. le Ministre de la*
« *Justice, ainsi qu'aux sénateurs et députés du département.* »

**Après avoir entendu M. Labbé en ses explications,
la Chambre approuve le projet en question qui,
sans créer de monopole, augmente les garanties
professionnelles que l'on est en droit d'exiger de ceux
qui, à un titre quelconque, peuvent être chargés de
soutenir les intérêts d'autrui.**

Copie de cette délibération sera transmise à M. le Ministre du
Commerce et de l'Industrie, à M. le Ministre de la Justice, au
Syndicat des Hommes d'affaires, ainsi qu'à MM. les Sénateurs et
Députés du département de Loir-et-Cher.

Pour copie conforme,

Le Président : Albert POULAIN.

CHAMBRE DE COMMERCE DE PERPIGNAN

Perpignan, le 28 octobre 1907.

Le Président de la Chambre de commerce de
Perpignan à M. le Président du Syndicat professionnel
des Hommes d'affaires de France :

Monsieur le Président,

J'ai l'honneur de vous adresser ci-joint copie de la délibération
prise par la Chambre de commerce de Perpignan dans sa séance du
24 octobre courant, relative à la réglementation de la profession
d'homme d'affaires.

Veuillez agréer, Monsieur le Président, l'assurance de ma
considération distinguée. *Le Président :* Dr E. BATLLE.

Rapport de M. ALART

M. Alart expose que la Chambre de commerce a reçu une lettre signée par les Présidents du Syndicat professionnel des hommes d'affaires de France et des Colonies, de la Compagnie des hommes d'affaires du département de la Seine et du Syndicat des mandataires au tribunal de Commerce de la Seine demandant un avis favorable à la proposition de loi qu'ils ont déposée à la Chambre des députés.

Après avoir démontré dans l'exposé des motifs l'utilité des représentants de cette corporation qui, sans nuire aux officiers ministériels et aux avocats, sont appelés, par l'intensité actuelle de la vie, à remplacer les intéressés dans des affaires de toute nature et dont l'importance est parfois considérable, les auteurs de la lettre avouent que la profession d'homme d'affaires étant libre et nullement réglementée, de nombreux agents d'une honorabilité douteuse se sont glissés dans leurs rangs et « la multiplicité des hommes d'affaires véreux fait que le grand public englobe dans une juste méfiance la généralité des représentants de cette corporation. Il est grand temps de réagir. »

Il est donc nécessaire d'imposer une réglementation pour que les hommes d'affaires honnêtes occupent la place à laquelle ils ont droit dans notre grande société moderne.

Nous aurons sans doute, un peu plus tard, l'occasion d'étudier cette proposition de loi dans tous ses détails. *Nous pouvons nous féliciter aujourd'hui de voir les intéressés eux-mêmes prendre les mesures nécessaires pour relever cette profession qui rendrait sûrement de très grands services et sur laquelle on a jeté un discrédit regrettable.*

La Chambre de commerce ne voudra pas, malgré les imperfections d'un projet qu'on lui présente, se désintéresser de cette question qui peut avoir, surtout au point de vue commercial, des conséquences heureuses, et elle donnera un avis des plus favorables au principe de la réglementation de la profession d'homme d'affaires.

Le Rapporteur : Bernard ALART.

A l'unanimité, la Chambre donne son approbation aux conclusions du rapport présenté par M. Alart, qui sera transmis à M. le Ministre du Commerce et de l'Industrie.

CHAMBRE DE COMMERCE DE NIMES

Nîmes, le 6 juin 1907.

La Chambre de commerce de Nîmes, après avoir entendu le rapport de M. Félix Teyssèdre, secrétaire-trésorier, approuve le projet de loi qui lui a été soumis par le Syndicat professionnel des Hommes d'affaires de France et des Colonies, la Compagnie des Hommes d'affaires du département de la Seine, le Syndicat des Mandataires au tribunal de commerce du département de la Seine, dont le but est d'exclure de la profession d'hommes d'affaires :

1° Les individus condamnés pour crimes ou délits de droit commun emportant privation des droits civiques ;

2° Les officiers ministériels destitués à la suite de condamnations judiciaires ;

3° Les mineurs non émancipés et les personnes interdites ou pourvues de Conseil judiciaire.

Estime, néanmoins, que cette exclusion doit être considérée comme nécessaire, mais insuffisante. Les syndicats, ouverts à tous, doivent faire leur police eux-mêmes et par un règlement très sérieux, rejeter tout membre qui se serait rendu coupable de faits répréhensibles, même s'ils n'étaient pas punis ou de simples indélicatesses, de telle sorte que le titre de membre d'un syndicat soit une garantie suffisante pour le public. Elle décide que ces conclusions seront adressées à MM. les Ministres du Commerce et de la Justice.

<table>
<tr><td>Le Secrétaire :
F. TEYSSÈDRE.</td><td>Le Président :
A. LAMOUROUX.</td></tr>
</table>

Observation. — Le désir exprimé par l'honorable rapporteur est irréalisable.

L'adhésion aux syndicats étant libre, ces groupements ne peuvent avoir d'action que sur leurs membres. Et cette action qui ne peut aller qu'à la radiation est d'une efficacité très relative.

CHAMBRE DE COMMERCE DE CORBEIL

EXTRAIT DU REGISTRE DES DÉLIBÉRATIONS

Séance du 13 Mai 1907

Présidence de M. CALLIET, Président

Les membres présents formant la majorité des membres en exercice.

La séance est ouverte à 1 h. 1/2.

La Chambre, après avoir entendu les observations de M. André Simon, secrétaire-adjoint, et après en avoir délibéré :

Donne un avis favorable au projet de loi portant réglementation de la profession d'homme d'affaires ;

Dit que copie de la présente délibération sera transmise à MM. les Ministres du Commerce et de la Justice et au Syndicat professionnel des Hommes d'affaires de France et des Colonies.

Fait et délibéré à Corbeil, les jour, mois et an susdits, et ont signé au registre les membres présents.

Pour extrait conforme :

Le Président de la Chambre de commerce de Corbeil,

CALLIET.

CHAMBRE DE COMMERCE D'ÉVREUX

Extrait du Registre des Délibérations

L'an mil neuf cent sept, le six juin, les membres de la Chambre de commerce d'Evreux, régulièrement convoqués, se sont réunis au lieu ordinaire de leur séance, sous la présidence de M. Miquel, président.

M. le Président donne lecture d'une lettre du Syndicat professionnel des Hommes d'Affaires de France et des Colonies, dans laquelle cette association expose la nécessité qui s'impose de réglementer la profession d'homme d'affaires de façon à en exclure tous les individus tarés ou de moralité douteuse.

Cette lettre est accompagnée d'un projet de loi préparé par le Syndicat professionnel des Hommes d'Affaires de France, de concert avec la Compagnie des Hommes d'Affaires de la Seine et le Syndicat des Mandataires au tribunal de commerce de la Seine, que leurs auteurs se proposent de soumettre au Parlement avec un exposé des motifs à l'appui de ce projet.

Après en avoir délibéré, et après avoir pris connaissance des documents qui lui sont communiqués,

La Chambre donne un avis *très favorable* à la demande d'approbation de ce projet de loi.

Pour extrait conforme :

Signé : Miquel..

CHAMBRE DE COMMERCE DE TOURS

Séance du 12 Juin 1907

Présidence de M. J. DESLIS, Président.

Extrait du Rapport de M. DESTRÉGUIL

Messieurs,

Dans notre dernière séance, M. le président m'a chargé de vous faire un court rapport sur le projet de loi réglementant la profession d'homme d'affaires qui lui a été adressé par M. Jauffret, président du Syndicat des Hommes d'Affaires de France et des Colonies.

M. Jauffret demande à la Chambre de commerce de Tours de vouloir bien émettre un avis sur ce projet.

(*Après lecture de l'exposé des motifs, le rapporteur continue*)

On ne saurait mieux dire ni mieux justifier le projet sur lequel mes confrères nous demandent avis.

J'ajouterai cependant une remarque :

La profession d'agent d'affaires est libre.

Celle du notariat ne l'est pas. Ces officiers ministériels sont nommés par le Président de la République après enquête faite sur le passé des candidats. Ils sont tenus de produire de nombreuses pièces. Or, si l'on compare le nombre des agents d'affaires et des notaires poursuivis pour abus de confiance et fautes graves, ou ceux qui ont recours au suicide pour échapper au châtiment qui les attendait, on est surpris en constatant que le nombre des notaires coupables est plus grand que celui des agents d'affaires qui n'ont pas été soumis à une enquête et n'ont pas eu besoin de se faire nommer par le Président de la République.

Et je ne parle pas des autres officiers ministériels.

Il n'est pas rare de voir des anciens notaires ou officiers ministériels qui ont été forcés de vendre leur étude ou même condamnés à la prison, fonder des cabinets d'affaires et se prévaloir de leur ancien titre pour inspirer confiance au public.

Avec le projet qui nous est soumis ils ne le pourront plus.

Pour réussir dans la profession d'homme d'affaires, il faut inspirer confiance aux clients tandis qu'elle s'impose pour les officiers ministériels.

Ce projet ne permet pas aux individus tarés, condamnés pour crimes et délits de droit commun et aux officiers ministériels destitués à la suite de condamnations judiciaires, pas plus qu'aux personnes interdites ou pourvues d'un conseil judiciaire de fonder ni d'exploiter un cabinet d'affaires.

En éliminant ces individus on rehaussera la réputation des hommes d'affaires honnêtes et consciencieux qui, heureusement, sont le plus grand nombre.

Ceci dit, mes chers collègues, je vous propose de donner un avis favorable audit projet.

La Chambre adopte à l'unanimité les termes et conclusions du rapport dont il vient de lui être donné lecture et décide d'en donner ampliation à M. le président du Syndicat des Hommes d'Affaires de France et des Colonies.

Pour copie conforme :
Le Président, Signé : DESLIS.

CHAMBRE DE COMMERCE DU PUY (Haute-Loire)

EXTRAIT DU REGISTRE DES DÉLIBÉRATIONS

Séance du 14 Mai 1907

Par sa circulaire du 1ᵉʳ mars 1907, le Syndicat professionnel des Hommes d'Affaires de France et des Colonies a demandé à la Chambre de commerce du Puy ses observations sur le projet de loi actuellement soumis au Parlement, portant réglementation de la profession d'homme d'affaires.

Après examen de ce projet ci-dessus énuméré, proposé par ledit Syndicat, la Compagnie des hommes d'affaires du département de la Seine et le Syndicat des mandataires au tribunal de commerce, nous devons reconnaître qu'il donne satisfaction aux desiderata du commerce qui, depuis de nombreuses années, demande :

1° Que la profession d'homme d'affaires soit réglementée ;

2° Que cette profession, particulièrement délicate, ne puisse être exercée que par des gens d'une honorabilité parfaite et dignes de la confiance du public.

Le projet de loi ci-dessus mentionné, renfermant toutes ces garanties, la Chambre de commerce du Puy en approuve les termes et lui accorde son appui : elle décide que cette délibération sera adressée à M. le Ministre du Commerce et de l'Industrie et à Messieurs les Sénateurs et Députés de la Haute-Loire.

Pour extrait conforme :

Le Président (Signé) : N...

CHAMBRE DE COMMERCE DE MONTAUBAN

et de Tarn-et-Garonne

Montauban, le 9 juin 1907

A. Monsieur le Président du Syndicat professionnel des Hommes d'Affaires de France et des Colonies, à Paris.

Monsieur le Président,

J'ai l'honneur de vous informer que la Chambre de commerce de Montauban, dans sa séance du 7 juin, en réponse à vos communications des 9 mars et 25 avril 1907, a donné, en principe, son adhésion à la proposition de loi que vous lui avez soumise.

Une délibération dans ce sens sera prise par notre compagnie dès que le rapport qu'elle a demandé à l'un de ses membres, lui aura été présenté.

Veuillez agréer, Monsieur le Président, l'assurance de ma considération distinguée.

Le Président de la Chambre : N...

CHAMBRE DE COMMERCE D'AMIENS

Amiens, le 25 mai 1907.

Le Président de la Chambre de commerce d'Amiens à M. le Président du Syndicat professionnel des Hommes d'affaires de France et des Colonies, 22, boulevard Poissonnière, Paris.

Monsieur le Président,

J'ai l'honneur de vous informer que j'ai porté à l'ordre du jour de la dernière séance de notre Chambre de commerce le projet de loi que vous m'avez adressé portant réglementation de la profession d'homme d'affaires.

Notre Compagnie a pris connaissance de l'exposé des motifs invoqués à l'appui de ce projet de loi et du projet lui-même, mais avant de se prononcer, elle a exprimé le désir de connaître le texte de la loi suisse à laquelle il est fait allusion dans l'exposé.

Je vous serai, en conséquence, très obligé de vouloir bien m'adresser le texte de cette loi.

Veuillez agréer, Monsieur le Président, l'assurance de ma considération distinguée.

BOUTEMY.

CHAMBRE de COMMERCE de MONT-DE-MARSAN

Mont-de-Marsan, le 15 mars 1907.

La Chambre de commerce de Mont-de-Marsan à M. le Président du Syndicat des Hommes d'affaires de France et des Colonies :

Monsieur le Président,

J'ai pris connaissance du projet de loi réglementant la profession d'homme d'affaires.

Volontiers, je fais des vœux pour que le Parlement le sanctionne le plus tôt possible.

Veuillez agréer, Monsieur le Président, l'assurance de ma considération distinguée.

Le Président :
Poisson, conseiller général.

CHAMBRE DE COMMERCE D'AUXERRE

Auxerre, le 20 mars 1907.

Monsieur le Président,

Vous m'avez fait l'honneur de m'adresser en communication, en collaboration avec M. le Président de la Compagnie des Hommes d'affaires du département de la Seine et de M. le Président du Syndicat des Mandataires au tribunal de commerce de la Seine, le texte d'un projet de loi que vous avez l'intention de soumettre au Parlement dans le but de réglementer la profession d'homme d'affaires ; vous m'avez adressé, aussi, l'exposé des motifs de ce projet de loi et les observations que vous avez jugé à propos d'y ajouter.

J'ai examiné attentivement tous ces documents, où j'ai constaté que le but principal poursuivi par les auteurs du projet, qui se dégage clairement de l'exposé des motifs, est d'arriver à l'épuration de la masse des hommes d'affaires actuels, pour en réduire la corporation aux seuls hommes d'affaires pourvus d'une autorisation spéciale et offrant au public qui a besoin d'eux, toutes les garanties de moralité et d'honorabilité désirables.

Je ne saurais mieux faire, Monsieur le Président, que vous encourager dans la voie où vous vous êtes engagé.

En effet, il existe malheureusement des hommes d'affaires qui ne sont pas du tout qualifiés pour honorer la corporation. Je comprends que ceux qui ont souci de leur considération, ne soient pas flattés d'avoir à leurs côtés des concurrents peu scrupuleux, dont le passé et les agissements sont de nature à attirer une réprobation pouvant, par ricochet, atteindre injustement les autres membres de la corporation indistinctement.

C'est pourquoi, j'approuve hautement la pensée de ceux qui ont pris l'initiative du projet de réglementation et je souhaite pour ma part que vous arriviez à vos fins.

Quant aux questions de détail dans la rédaction du projet de loi, il ne m'appartient pas d'y apporter de critique, j'en laisse le soin aux professionnels.

Agréez, Monsieur le Président, l'assurance de mes sentiments distingués.

Le Président de la Chambre de commerce d'Auxerre,

N....

CHAMBRE de COMMERCE de TOULON et du VAR

Toulon, le 6 avril 1907.

Le Président de la Chambre de commerce de Toulon et du Var, à M. le Président du Syndicat des Hommes d'affaires de France et des Colonies :

Monsieur le Président,

En réponse à votre lettre du 9 mars écoulé, j'ai l'honneur de vous adresser ci-joint un extrait de la délibération prise par la Chambre de commerce de Toulon, au sujet de la proposition de loi dont vous m'avez communiqué d'autre part le texte et l'exposé des motifs.

La Chambre, ainsi que vous le verrez, a tenu à s'associer à votre initiative prise pour le relèvement moral d'une profession digne d'intérêt.

Veuillez agréer, Monsieur le Président, l'assurance de ma considération distinguée.

Le Président : Jules PAUL.

EXTRAIT DU REGISTRE DES DÉLIBÉRATIONS

Séance du 20 Mars 1907

Le Syndicat des hommes d'affaires de France et des Colonies, la Compagnie des hommes d'affaires de la Seine et le Syndicat des Mandataires au tribunal de commerce de la Seine, exposent, dans une lettre adressée à M. le Président de la Chambre, qu'ils poursuivent le relèvement moral de la profession d'homme d'affaires, « honorable, lorsqu'elle est loyalement exercée ».

« Il leur a paru, ajoutent-ils, que le moyen le plus efficace d'atteindre le résultat ambitionné était de demander aux pouvoirs publics des mesures destinées à exclure de la corporation tous les individus tarés ou de moralité douteuse, et cela en subordonnant la délivrance de la patente d'agent d'affaires à l'accomplissement de certaines conditions... »

« Animés de cet esprit, les groupements sus-indiqués, ont préparé un projet de loi qu'ils se proposent de soumettre au Parlement... »

Suit le texte de la loi proposée ainsi que l'exposé des motifs.

La Chambre de commerce de Toulon et du Var,

Après avoir pris connaissance de ces documents, en adopte les termes dans leur généralité.

En conséquence, elle émet le vœu qu'une loi, tout en garantissant le libre exercice de la profession d'homme d'affaires, intervienne pour en exclure « les individus tarés ou de moralité douteuse ».

Pour extrait conforme,
Le Président : Jules PAUL.

CHAMBRE DE COMMERCE DE CHERBOURG

Cherbourg, le 20 mars 1907.

Monsieur le Président du Syndicat professionnel des Hommes d'affaires de France et des Colonies, à Paris :

Monsieur le Président,

J'ai l'honneur de vous accuser réception de votre lettre du 9 mars avec un exposé des motifs et un texte d'un projet de loi portant réglementation de la profession d'homme d'affaires, ainsi qu'un résumé de cette question adressé à la Chambre de commerce.

Je soumettrai ces documents à mes collègues dans notre prochaine séance, le 10 avril, je puis vous dire, dès maintenant, que j'ai pris connaissance de votre projet qui me semble être des mieux justifié et présenter les bases les plus sérieuses d'un examen approfondi.

D'ailleurs, l'étude détaillée qui ne manquera pas d'en être faite dans votre congrès avec la compétence indiscutable de ses membres, ne pourra qu'apporter sur cette question des éclaircissements et des améliorations utiles à connaître pour les différents groupements à l'appui desquels vous faites appel pour en obtenir l'approbation.

Veuillez agréer, Monsieur le Président, l'assurance de ma considération distinguée.

Le Président : LANGLOIS.

Cherbourg, le 13 avril 1907.

Monsieur le Président du Syndicat professionnel des Hommes d'affaires de France et des Colonies, à Paris :

Monsieur le Président,

Ainsi que je vous en informais par lettre du 20 mars dernier, j'ai soumis à la Chambre de commerce de Cherbourg, dans sa séance mensuelle du 9 avril courant, le projet de loi portant réglementation de la profession d'homme d'affaires, ainsi que les pièces que vous m'avez adressées pour en exposer les motifs.

J'ai l'honneur de vous faire connaître que notre Compagnie a ratifié entièrement les termes de ma lettre précitée sans avoir à entrer dans l'examen détaillé de ce projet de loi.

Veuillez agréer, Monsieur le Président, l'assurance de ma considération distinguée.

Le Président : LANGLOIS.

CHAMBRE DE COMMERCE DE VERSAILLES

Versailles, le 26 avril 1907.

Le Président de la Chambre de commerce de Versailles, à M. le Président du Syndicat professionnel des Hommes d'affaires de France et des Colonies :

Monsieur le Président,

En réponse à votre lettre du 25 avril courant, j'ai l'honneur de vous informer que la Chambre est saisie de l'affaire et qu'elle prendra une délibération à une date ultérieure.

Veuillez agréer, Monsieur le Président, l'assurance de ma considération distinguée.

Pour le Président : A. Dussouil.

CHAMBRE DE COMMERCE DE CAEN

Extrait du Registre des Délibérations

Présidence de **M. ALLAINGUILLAUME**, Président

La Chambre de commerce de Caen s'est réunie au lieu ordinaire de ses délibérations.

Projet de loi réglementant la Profession d'Homme d'Affaire

Ce projet avait été renvoyé à l'examen de M. Asse, qui dépose son rapport ainsi conçu :

Messieurs,

Le projet de loi qui vous est soumis repose sur un double principe, principe de fait quant à la liberté de la profession d'homme d'affaires, principe de moralité quant à la sélection à établir parmi les personnes qui s'occupent habituellement et moyennant salaire des affaires d'autrui litigieuses ou non litigieuses.

Il est assez commun d'entendre dire : « Gardez-vous des hommes d'affaires », bien souvent, d'ailleurs, se trouve justifié cet avertissement, trop de gens n'ayant pas réussi dans la conduite de leurs propres intérêts, qui se croient aptes à gérer ceux des autres, et parmi eux combien dont le passé est peu honorable. Il est facile d'installer un cabinet, de faire la réclame nécessaire, d'indiquer par insertion dans les journaux et d'inscrire pompeusement les opérations multiples, auxquelles on se livre sur les portes d'une officine. Les victimes sont éblouies à l'avance par cette ostentation et trop tard reconnaissent qu'elles sont dupes. De là, cette défiance qui s'attache au titre d'homme d'affaires, ce discrédit qui atteint toute une corporation.

Dans l'intérêt général de la profession, il paraît juste qu'intervienne une loi qui garantisse des surprises le public trop confiant, qui n'accorde la gestion d'un cabinet d'affaires qu'aux mandataires présentant les garanties les plus sérieuses au point de vue de la capacité et de la probité. Les tribunaux de commerce l'ont compris ainsi, lorsqu'ils choisissent leurs agréés et en limitent le nombre. Bien que ce procédé fût contraire au principe de la séparation des pouvoirs, ils ont cru opportun d'y déroger pour n'être pas exposés à subir le contact d'hommes d'affaires tarés ou peu scrupuleux.

Le projet de loi dont il s'agit et qui a le mérite d'être court, réclame tout d'abord la déclaration par écrit concernant la personne et son domicile et la production de son casier judiciaire. Il maintient, d'autre part, la liberté de cette carrière et son accès à tous. Il écarte de l'exploitation d'un cabinet d'affaires, soit par eux-mêmes, soit par personnes interposées :

1º Les individus condamnés pour crimes ou délits de droit commun emportant privation des droits civiques ;

2º Les officiers ministériels destitués à la suite de condamnations judiciaires ;

3º Les mineurs non émancipés et les personnes interdites ou pourvues d'un conseil judiciaire.

Quelques mesures d'ordre sont édictées à l'occasion des fautes lourdes ou des malversations qui se révéleraient au cours de l'exercice de la profession avec, au besoin, application de l'article 463 du code pénal.

Obligation enfin pour les hommes d'affaires, alors en exercice lors de la promulgation de la loi, de s'y conformer dans les trois mois qui suivront la dite promulgation.

Vous avez pris connaissance, Messieurs, de la lettre de M. Lahaye, de Caen, membre du Syndicat des Hommes d'affaires de France, lequel demande à la Chambre de vouloir bien examiner son projet de loi. Un exposé des motifs y est annexé, exposé **très loyal et fort juste,** corroboré d'ailleurs par un autre exposé, celui-là très virulent contre les abus qui se sont produits, émanant de M. Julien Goujon et de plusieurs de ses collègues et déjà déposé au Parlement. Depuis vingt ans, cette proposition a été soumise à la Chambre, et n'est pas encore venue en discussion. Elle comporte à l'heure présente le même intérêt.

La lecture de ces divers documents, à la force desquels je ne saurais utilement rien ajouter, vous permettra certainement d'appuyer le projet présenté et d'en faire l'objet d'une **délibération favorable.**

La Chambre approuve à l'unanimité les termes de ce rapport, le transforme en délibération et décide qu'une expédition en sera adressée à M. le Président du Syndicat des Hommes d'affaires de France.

Pour copie conforme,

Le Président,

ALLAINGUILLAUME.

CHAMBRE de COMMERCE de BEAUVAIS et de l'OISE

Beauvais, le 26 avril 1907.

Monsieur le Président,

Je prends connaissance de votre lettre du 25 courant.

Les documents que vous nous avez envoyés le 9 mars, ont été examinés par la Chambre dès la séance qui en a suivi la réception, c'est-à-dire le samedi 6 avril présent mois.

En réponse à votre rappel, j'ai le plaisir de vous informer que les membres de la Compagnie ont été unanimes à reconnaître l'intérêt qui s'attache à votre requête, à telles enseignes, que l'un d'eux, M. Colozier, a été chargé par ses collègues de présenter un rapport sur la question.

Ce rapport est inscrit à l'ordre du jour de la prochaine séance de la Chambre qui se tiendra samedi 4 mai.

Je vous en ferai connaître les conclusions, puis, après impression, vous en adresserai un ou deux exemplaires.

J'espère que ces lignes vous donneront une première satisfaction.

Et, dans cet espoir, je vous prie d'agréer, Monsieur le Président, l'expression de mes sentiments distingués.

Le Secrétaire archiviste : HUBERT.

Extrait du procès-verbal de la Séance du 4 Mai 1997

Rapport de M. COLOZIER

Messieurs,

Trois syndicats et compagnies d'hommes d'affaires, dont le siège est à Paris, convient la Chambre de commerce de l'Oise à donner son approbation à ce qu'ils appellent un projet de loi réglementant leur profession.

Le Gouvernement, vous le savez, fait seul des projets de loi ; les membres du Parlement et les particuliers présentent des propositions de loi.

Ce que les syndicats et compagnies d'hommes d'affaires vous demandent d'approuver n'est même pas un texte définitif et n'est déposé ni à la Chambre des députés, ni au Sénat : ce n'est qu'un projet de proposition de loi.

Quoi qu'il en soit, je vais vous en faire connaître les principales dispositions ; elles se trouvent dans les deux premiers articles qui sont ainsi conçus :

« *Article premier*. — La profession d'hommes d'affaires est libre et le nombre des hommes d'affaires est illimité. Toute personne s'occupant habituellement et moyennant salaire des affaires d'autrui, litigieuses et non litigieuses, est tenue de faire par écrit une déclaration indiquant ses nom, prénoms, âge, lieu de naissance et domicile ; à l'appui de cette déclaration, elle devra joindre son casier judiciaire délivré dans le mois précédent.... Il en sera donné immédiatement un récépissé de dépôt qui vaudra autorisation de tenir un cabinet.

« *Article 2*. — Ne peuvent pas exploiter un cabinet d'affaires ni par eux-mêmes, ni par personnes interposées : les individus condamnés pour crimes ou délits de droit commun emportant privation des droits civiques ; 2° les officiers ministériels destitués à la suite de condamnations judiciaires ; 3° les mineurs non émancipés et les personnes interdites ou pourvues de conseils judiciaires. »

Les agents d'affaires sont des commerçants, ainsi que les tribunaux et les cours l'ont souvent décidé.

Or, en France, la liberté du commerce a été proclamée par la Déclaration des Droits de l'Homme et la Constitution du 24 juin 1793.

Le Code de Commerce, dans ses articles 2 et suivants, n'a défendu d'être commerçants qu'aux mineurs non émancipés et aux femmes mariées, et encore cette défense n'est que dans l'intérêt de ceux-ci, puisqu'eux seuls peuvent s'en prévaloir.

Lorsqu'une condamnation est prononcée, surtout en matière pénale, elle ne peut être augmentée ultérieurement ; par suite, les individus condamnés pour crimes ou délits emportant privation des droits civiques, ou les officiers ministériels destitués, n'ont pas à subir d'autres peines que celles qui leur ont été infligées, et ce serait pour eux une aggravation de peine que de ne pouvoir s'établir agents d'affaires.

Mais pourquoi leur interdire seulement cette profession ? Tous les autres corps d'état pourraient réclamer pareille interdiction, et ces individus, à moins d'avoir des revenus qui leur permettent de vivre sans travailler, seraient condamnés à mourir de faim ou à chercher des moyens d'existence en dehors des professions admises.

Les auteurs du projet ou de la proposition en question se défendent de la pensée de vouloir obtenir un privilège ou une prérogative dans le genre de ceux dont jouissent les officiers ministériels. Cependant, ils demandent une sorte d'investiture, qui résultera de l'autorisation que le Procureur de la République de leur arrondissement devra délivrer notamment aux agents d'affaires affiliés à leurs syndicats, sur la seule justification de leur inscription à ces syndicats.

Je crains que la réglementation, telle qu'elle est demandée par le Syndicat professionnel des Hommes d'affaires, ne crée un nouveau privilège et ne supprime le droit et la liberté de s'établir qui existent actuellement pour quiconque veut ouvrir un cabinet d'affaires.

Je vous propose donc, Messieurs, de décider que la Chambre de commerce n'a pas à donner l'approbation qui lui est demandée, sauf plus tard, et lorsque la proposition de loi aura été déposée au Parlement, à l'examiner et à l'apprécier.

La Chambre de commerce de Beauvais et de l'Oise approuve le présent rapport et le transforme en une délibération qui sera adressée à M. le Ministre du Commerce, à M. le Ministre de la Justice, à MM. les Sénateurs et Députés de l'Oise, ainsi qu'aux Chambres de commerce avec lesquelles elle correspond.

Pour extrait conforme,

Le Président : Emile DUPONT.

Observations. — La délibération ci-dessus, sans repousser *de plano* notre proposition, renferme des arguments auxquels nous ne pouvons manquer de répondre :

1° Notre consultation officieuse avait pour but de solliciter un avis, un conseil, elle n'avait pas le caractère de celles dont sont saisies habituellement les Chambres de commerce ;

2° Le fait de prohiber un certain nombre de professions à des individus précédemment condamnés ne constitue pas une aggravation de peine, car alors la production du casier judiciaire pour l'accession aux fonctions publiques rentrerait dans cette catégorie et serait tout aussi illégale.

Et si on l'admet pour les fonctions publiques en raison de leur caractère particulier, il peut en être de même pour celle d'agent d'affaires, puisque destiné à recevoir des intérêts importants, il doit offrir toutes garanties.

Nous admettrions assez que les clients demandent eux-mêmes ces justifications préalables, mais comme ils ne le peuvent faire nous le faisons pour eux.

CHAMBRE DE COMMERCE DE SAUMUR

Saumur, le 30 avril 1907.

A M. le Président du Syndicat professionnel des Hommes d'affaires, à Paris :

Monsieur le Président,

En réponse à votre lettre du 25 avril courant, j'ai l'honneur de vous faire connaître la décision de la Chambre de commerce de Saumur, relative au projet de loi réglementant la profession d'homme d'affaires :

« Le Président communique à la Chambre un projet de loi
« préparé par le Syndicat des Hommes d'affaires de France et des
« Colonies, tendant à exclure de la corporation tous les individus
« tarés ou de moralité douteuse. Par circulaire du 9 mars, ajoute le
« Président, le Syndicat prie les Chambres de commerce de vouloir
« bien examiner le dit projet, ainsi que l'exposé des motifs annexé.

« La Chambre, après avoir entendu la lecture de l'exposé des
« motifs susdit et du projet de loi tendant à réglementer la profession
« d'homme d'affaires,

« Approuve ce projet de loi, sans aucune restriction, et décide
« qu'il sera transcrit au procès-verbal de la séance ;

« Elle ordonne que la présente délibération sera adressée à
« M. le Ministre du Commerce. »

(L'envoi a été fait au Ministère le 13 avril courant).

Veuillez agréer, Monsieur le Président, l'assurance de mes salutations empressées.

Pour le Président,
Le Vice-Président : C. DECARNEL.

CHAMBRE DE COMMERCE DE ROUEN

Rouen, le 27 avril 1907.

Le Président de la Chambre de commerce de Rouen
à M. G. Chevalier, 15, rue Alsace-Lorraine, Rouen :

Monsieur,

En réponse à votre lettre du 22 de ce mois, j'ai l'honneur de vous informer que la Chambre de commerce qui a eu connaissance dans sa dernière séance des délibérations des Chambres de commerce d'Auxerre et de Toulon, souhaiterait assurément que la profession d'homme d'affaires ne puisse être exercée que par des personnes d'une moralité commerciale parfaite.

Mais elle a pensé que cette question n'était pas directement de sa compétence et que l'exercice de cette profession devait rester entièrement libre.

Agréez, Monsieur, l'assurance de ma considération distinguée.

Le Vice-Président : G. LEVERDIER.

CHAMBRE de COMMERCE d'AURILLAC et du CANTAL

Aurillac, le 1ᵉʳ juillet 1907.

Le Président de la Chambre de commerce d'Aurillac et du Cantal à M. le Président de la Compagnie des Hommes d'affaires du département de la Seine :

Monsieur le Président,

J'ai le plaisir de vous annoncer que dans la séance du 12 juin 1907, notre compagnie a émis un vœu favorable au projet de loi réglementant la profession d'homme d'affaires que vous m'aviez adressé à seule fin de recevoir les observations de la Chambre.

L'envoi en a été décidé à M. le Ministre de la Justice, en le recommandant à sa bienveillante attention.

Veuillez agréer, Monsieur le Président, l'assurance de ma considération distinguée.

Le Président : N...

CHAMBRE DE COMMERCE DE DIEPPE

Dieppe, le 26 avril 1907.

A M. le Président du Syndicat des Hommes d'affaires de France et des Colonies, 22, boulevard Poissonnière, Paris :

Monsieur le Président,

J'ai l'honneur de vous informer que j'ai bien reçu votre lettre du 25 avril, ainsi que celle du 9 mars, me transmettant différents documents concernant le projet de loi réglementant la profession d'Homme d'affaires.

Je vous remercie. Monsieur le Président, de votre communication que je soumettrai à la Chambre dans une prochaine réunion.

Veuillez agréer, Monsieur le Président, l'assurance de ma considération la plus distinguée.

Pour le Président,

Le Vice-Président : G. ROBBE.

CHAMBRE de COMMERCE de NIORT & des DEUX-SÈVRES

Niort, le 30 avril 1907.

Monsieur le Président,

J'ai l'honneur de vous accuser réception de votre lettre du 9 mars, par laquelle vous demandez à la Chambre de commerce de Niort de vouloir bien donner l'appui de son approbation à l'exposé des motifs d'une proposition de loi portant règlement de la profession d'homme d'affaires.

La Chambre de commerce de Niort me charge de vous faire connaître qu'elle ne peut, *en principe, qu'applaudir à toute mesure ayant pour but d'enrayer les manœuvres et les entreprises des agents d'affaires véreux*, mais elle estime qu'une loi n'est pas nécessaire à cet effet, les syndicats professionnels lui paraissent suffisamment armés pour mettre à l'index la catégorie d'individus visés par la proposition de loi soumise à son examen. D'ailleurs, une loi spéciale serait à son sens complètement inefficace pour protéger les hommes d'affaires sérieux contre la concurrence des agents d'affaires tarés dont la suppression légalement lui paraît absolument impossible.

Veuillez agréer, Monsieur le Président, l'assurance de ma considération très distinguée.

Pour le Président empêché,

Le Vice-Président : (Signé) N...

Observations. — La suppression légale des agents d'affaires véreux nous paraît, au contraire, absolument possible.

Sans doute, l'interdiction brutale de la profession à tout individu ne remplissant pas les conditions requises peut paraître une atteinte à la liberté.

Or, la nature de cette profession est d'un ordre si délicat qu'il est permis de se demander si cette restriction ne s'impose pas ; d'ailleurs, les précédents ne manquent pas.

Nous laisserons de côté les officiers ministériels, dont le nombre est limité, nous nous contenterons de prendre comme exemple l'ordre des avocats, le nombre est illimité, la profession est donc libre... relativement, car les conditions préalables à remplir en écartent les éléments mauvais.

Ne peut-on, par analogie, procéder de même pour les agents d'affaires ?

CHAMBRE DE COMMERCE DE DIJON

Dijon, le 24 avril 1907.

Monsieur Ballot, agent d'affaires, à Dijon.

J'ai l'honneur de vous accuser réception de votre lettre du 18 avril courant et des délibérations dont elle m'annonçait l'envoi.

La question intéressante de réglementation de la profession des hommes d'affaires a été retenue par notre compagnie et mise à l'étude. Un rapport sera soumis à sa discussion dans sa prochaine séance, et je m'empresserai de vous communiquer la résolution qui sera adoptée, en vous retournant les délibérations communiquées.

J'attendais qu'une décision ferme fût prise par la Chambre pour vous en faire part, ce qui explique pourquoi je n'ai pas encore répondu à votre communication.

Veuillez agréer, Monsieur, l'assurance de mes sentiments très distingués.

Le Président : Dumont.

Dijon, le 7 mai 1907.

Monsieur Ballot, cabinet d'affaires, Dijon.

J'ai l'honneur de vous faire remettre, pour que vous la transmettiez, après en avoir pris connaissance, à M. le Président du Syndicat des Hommes d'affaires de France et des Colonies, la délibération par laquelle notre compagnie, dans sa séance du 6 mai courant, a décidé d'appuyer d'un avis favorable le projet de réglementation de la profession des hommes d'affaires que vous lui avez communiqué.

Agréez, Monsieur, l'assurance de mes bons sentiments.

Le Président : Dumont.

EXTRAIT DU REGISTRE DES DÉLIBÉRATIONS

Séance du 6 Mai 1907

RAPPORT présenté par M. JACQUIER

Messieurs,

Notre Président a reçu, à la date du 9 mars dernier, une lettre collective des Présidents du Syndicat professionnel des Hommes d'affaires de France et des Colonies, de la Compagnie des Hommes d'affaires du département de la Seine et du Syndicat des Mandataires au Tribunal de Commerce de la Seine, demandant à notre Chambre un avis favorable au projet de loi déposé à la Chambre des députés par ces différents syndicats sur la réglementation de la profession d'homme d'affaires.

Ce projet stipule entre autres choses :

L'interdiction d'ouvrir ou de reprendre un cabinet d'affaires à tout individu condamné pour délit de droit commun emportant privation des droits civiques ; à tout officier ministériel destitué à la suite de condamnation judiciaire. Il prévoit l'obligation pour tout propriétaire de cabinet d'affaires d'une déclaration indiquant ses nom, prénoms, âge, lieu de naissance et domicile, et un extrait du casier judiciaire ; dépôt de ces pièces pour Paris, à la préfecture de police, au greffe pour les villes possédant un tribunal civil, et au greffe de la justice de paix pour les autres communes. La faculté d'exercer la profession d'homme d'affaires sera retirée dans le cas de condamnation entraînant la perte des droits civiques ou après le dépôt du bilan entraînant soit la faillite, soit la liquidation judiciaire.

Dans l'exposé des motifs soumis à notre appréciation, il y a lieu de retenir l'aveu de suspicion où est tombée cette profession par suite de la faculté qu'ont bien des gens tarés d'ouvrir un cabinet d'affaires et de la constatation bien des fois faite de l'abus de confiance exercé sur des malheureux, qu'une réclame habile, des enseignes engageantes, voir même des panonceaux, ont trompés sur la qualité des mandataires qu'ils choisissaient.

Les syndiqués ont compris qu'ils devaient réagir contre la tendance qui, de plus en plus, englobe dans une même déconsidération les bons et les mauvais, et qu'il était dans leur intérêt de réclamer une réglementation de leur profession, et l'obligation pour ceux qui en font partie, de jouir de tous leurs droits de citoyens honnêtes. Ils font remarquer que si les opérations qu'ils ont l'habitude de traiter : gérance d'immeubles, représentations devant les tribunaux de commerce et de paix, ventes de fonds de commerce, etc., etc., sont également assurées par toutes les catégories d'officiers ministériels, ceux-ci, retenus par les règles étroites des règlements et par les lois et décrets organiques qui leur interdisent certaines missions, ne peuvent souvent les remplir au gré de leurs clients qu'en passant outre à ces interdictions ; que, confinés dans leur monopole, ils n'ont pas la facilité de se mouvoir au dehors pour le plus grand bien de leurs mandants.

Au point de vue purement commercial, nous devons, Messieurs, souscrire à une telle initiative, et prêter notre concours désintéressé à la réussite du projet des hommes d'affaires honnêtes qui pourrait nous débarrasser de ces agences interlopes où nous voyons trop souvent des commerçants, honnêtes, jusque là, perdre peu à peu le souci de leur honorabilité, et où, moyennant une large commission, le peu scrupuleux vendeur d'un fonds de commerce peut impunément préparer pour la faillite le naïf acheteur qui aura eu confiance dans le titre plus ou moins pompeux de l'intermédiaire.

Nous voyons souvent devant les tribunaux de commerce, des hommes d'affaires munis de pouvoirs, représenter les parties en cause. Sans chercher à créer un monopole de plus, ne serait-il pas plus convenable qu'il soit établi que ceux qui ont l'honneur de prendre une défense devant les magistrats consulaires, puissent justifier d'un passé honorable et sans tache ?

Dans cet exposé des motifs, il y a lieu toutefois de relever une phrase qui laisserait supposer aux initiateurs du projet une arrière-pensée, de voir les agréés devant les tribunaux de commerce supprimés à leur profit : « Les tribunaux consulaires, disent-ils, en limitant le nombre des agréés, et en admettant la successibilité, ont créé, en dehors de la loi, une nouvelle catégorie d'officiers ministériels. »

Nous devons estimer, Messieurs, qu'à part quelques critiques assez justifiées sur les agissements des agréés, ceux-ci offrent encore aux tribunaux de commerce une garantie plus appréciable de compétence et de solvabilité ; que la valeur même de leurs études, si le prix n'en est pas exagéré, doit donner une grande confiance pour le réglement des liquidations qui leur sont confiées.

Sous cette réserve, je vous propose, Messieurs, de donner un avis favorable au projet de loi des trois syndicats susmentionnés, et d'adresser copie de cette délibération à M. le Ministre du Commerce et de l'Industrie, avec prière de saisir M. le Garde des Sceaux, ministre de la Justice, et de l'appuyer auprès de lui. Nous l'adresserions également au président du Syndicat des Hommes d'Affaires de France et des Colonies, qui nous a saisi de la question.

La Chambre donne son entière adhésion au rapport qu'elle vient d'entendre. Elle en adopte les termes et les conclusions, et le transforme en une délibération dont elle décide l'envoi à M. le Ministre du Commerce et de l'Industrie, en le priant d'en saisir M. le Ministre de la Justice et d'appuyer énergiquement auprès de lui, comme auprès du Parlement, le projet de règlementation réclamé par le Syndicat des Hommes d'Affaires, auquel sa délibération sera également transmise.

Pour copie conforme,

Le Président : DUMONT.

Observation. — L'honorable rapporteur s'épouvante bien à tort de la suppression des agréés.

Notre projet n'a pas ce but, au contraire. Il tend uniquement à ce que le nombre des agréés ne soit pas limité.

Et par le mot agréé, faut-il encore entendre défenseur accrédité près du tribunal. La catégorie spéciale de liquidateurs de syndics est en dehors, en effet ceux-ci ne tirent leur pouvoir que d'une désignation spéciale dans le jugement déclaratif. Le pouvoir du tribunal qui découle d'un texte de loi des plus précis ne peut être amoindri, mais en ce qui concerne le libre accès de la barre, notre proposition le maintient et l'élargit en supprimant toute catégorie privilégiée, et tend néanmoins à le réserver à ceux-là seuls dont la présence ne pourra être un affront pour le tribunal.

CHAMBRE DE COMMERCE DE GRENOBLE

Grenoble, le 4 mai 1907

Monsieur le Secrétaire du Syndicat des Hommes d'Affaires de France et des Colonies (Section de Grenoble).

Monsieur le Secrétaire,

J'ai l'honneur de vous faire connaître que, dans sa réunion du jeudi 2 mai 1907, la Chambre de Commerce de Grenoble a délibéré sur le projet de loi qui lui avait été soumis par votre syndicat, et relatif à la réglementation de la profession des Hommes d'Affaires.

Elle a décidé qu'il y avait lieu d'attendre, avant de se prononcer, que le tribunal de commerce, plus spécialement indiqué pour cela, ait fait connaître son avis.

Veuillez agréer, Monsieur le Secrétaire, l'expression de nos sentiments dévoués.

Le Président,

Signé : BRENIER.

TRIBUNAL DE COMMERCE DE L'ARRONDISSEMENT DE GRENOBLE

Grenoble, le 15 novembre 1907.

Monsieur,

J'ai examiné avec attention les statuts de votre Association, Syndicat professionnel des Hommes d'Affaires de France et des Colonies.

J'ai lu avec beaucoup d'intérêt le projet de loi que vous voulez faire déposer, pour réglementer la profession d'hommes d'affaires.

Ce projet a pour but de supprimer les agents d'affaires véreux et les abus.

Il demande en effet que la profession d'homme d'affaires soit réglementée et que cette profession particulièrement délicate ne puisse être exercée que par des gens d'une parfaite honorabilité et dignes de la confiance du public.

Il est certain que si cette loi est votée, ce sera une grande amélioration à ce qui se passe actuellement et que l'intérêt général s'en trouvera bien.

Je ne peux donc qu'approuver vos projets et faire des vœux pour qu'ils réussissent.

Veuillez agréer, Monsieur le Président, mes salutations empressées.

MONROZIER.

CHAMBRE DE COMMERCE D'ABBEVILLE

Abbeville, le 12 juin 1907.

Le Président de la Chambre de commerce d'Abbeville à M. le Président du Syndicat professionnel des Hommes d'affaires de France et des Colonies, 22, boulevard Poissonnière, Paris.

J'ai soumis à la Chambre de commerce de notre arrondissement la lettre que vous m'avez fait l'honneur de m'adresser le 25 avril et qui accompagnait le texte d'un projet de loi, ainsi que l'exposé des motifs sur la réglementation de la profession d'homme d'affaires.

Notre Compagnie a examiné ledit projet de loi, a pris des renseignements auprès des personnes particulièrement compétentes, et après délibération, en séance du 5 juin courant a déclaré :

« Qu'elle ne voit pas l'efficacité, ni l'intérêt du projet de loi sur les hommes d'affaires. Cette profession est libre et le nombre des agents d'affaires est illimité. Le projet de loi n'offre aucune modification sur ce point, il ne donne aucune garantie nouvelle quant à leur capacité, leur moralité ou leur *solvabilité* : aucun cautionnement n'est exigé d'eux. On veut en faire pour ainsi dire une nouvelle catégorie d'officiers ministériels n'ayant, étant libres, aucune responsabilité particulière et échappant au contrôle et aux obligations imposées aux officiers ministériels.

« Le projet de loi ne supprimera aucun des abus reprochés aux agents d'affaires.

« Que les Parquets surveillent et répriment ces abus, comme ceux, d'ailleurs, commis par les officiers ministériels ; cela suffira. »

En conséquence, la Chambre repousse le projet de loi présenté, le déclarant mal fondé et inutile et portant atteinte à la liberté des affaires.

Veuillez agréer, Monsieur le Président, l'assurance de ma considération la plus distinguée.

Pour le Président,
Le Secrétaire : Félix Levêque.

Observation. — La Chambre de commerce d'Abbeville aperçoit que notre proposition laisse la profession libre et le nombre de ceux qui l'exercent illimité, ceci revient à dire qu'il ne crée ni monopole, ni privilège.

Mais il apporte une modification à l'état de choses actuel, dans ce sens qu'il rend inaptes à l'exercer ceux qui ayant failli à l'honneur ou s'étant montrés incapables de conduire leurs propres affaires ne sont pas qualifiés pour défendre les intérêts d'autrui.

Quant à la question de cautionnement, on sait très bien que ce n'est pas cette disposition qui a arrêté les notaires prévaricateurs dans leurs agissements, nous considérons donc que l'exigence d'un cautionnement effectif serait une restriction au libre exercice. Les bons cabinets d'affaires tout comme les études ont leur valeur et présentent une garantie.

Au surplus, nous serions enclins à accepter une disposition dans ce sens, si l'épuration devait en résulter.

CONSULTATION DES GROUPEMENTS CORPORATIFS

Mémoire sur la Réglementation de la Profession de l'Homme d'affaires

Présenté au 4ᵉ Congrès de "La Ligue Syndicale pour la défense des Intérêts du Travail de l'Industrie et du Commerce" au nom du Syndicat professionnel des Hommes d'Affaires de France et des Colonies

---

Messieurs,

Le Syndicat professionnel des Hommes d'affaires de France et des Colonies constitué le 17 avril 1898, a pour but, ainsi que l'indique l'article 2 de ses statuts : 1º de grouper les hommes d'affaires qui présentent des conditions de moralité irréprochables (à cet effet, toute demande d'admission doit être accompagnée d'un extrait du casier judiciaire délivré depuis moins d'un mois, certificat de bonne vie et mœurs, feuille de patente justifiant de l'exercice de la profession depuis un an au moins, références sur ses antécédents permettant au conseil de discipline de s'édifier sur sa moralité) ;

2° D'étudier toutes les questions se rattachant à l'exercice de la profession, d'en provoquer ou d'en suivre la solution ;

3° D'établir entre tous ses membres des liens et des habitudes de bonne confraternité.

Le programme du syndicat condensé dans les trois articles que nous venons de vous indiquer apparaît clairement, la pensée directrice des fondateurs se dégage toute entière   Le syndicat devait, dès le premier jour, poursuivre le relèvement et le maintien en bonne place d'une réputation que certains bien imprudents, pour nous servir d'une expression très indulgente, avaient contribué à rabaisser.

Cette tâche est ardue, les membres du syndicat se sont étroitement groupés pour la mener à bonne fin et nous ne doutons pas que grâce aux bonnes volontés qui se sont jointes pour encourager, aider nos efforts, le public saura bientôt qu'il ne doit pas englober dans une même réprobation une collectivité probe, honnête et conscience, et quelques brebis galeuses que nous sommes les premiers à disqualifier et combattre.

Dans cet ordre d'idées, le Syndicat professionnel des Hommes d'affaires de France et des Colonies a rédigé un projet de loi à soumettre aux pouvoirs publics.

C'est ce projet que nous avons l'honneur de vous soumettre, et nous demandons si, après l'avoir examiné, vous croyez devoir lui donner votre haute approbation.

Pour le Syndicat professionnel des Hommes d'affaires
de France et des Colonies,

Les délégués au Congrès :
A. JAUFFRET, président ; H. DESTREGUIL.

VŒU

Après discussion le Congrès a émis le vœu suivant :

Que les pouvoirs publics mettent à l'étude un projet de Loi ayant pour but de réglementer la profession d'Homme d'affaires.

L'étude plus d'étaillée du projet, le principe étant adopté, a été renvoyé à un autre Congrès.

COMITÉ DE DIRECTION

du Syndicat Général du Commerce et de l'Industrie

Union des Chambres Syndicales de France

Extrait du procès-verbal de la séance du 12 Juin 1907

RÉGLEMENTATION DES HOMMES D'AFFAIRES

M. le Président. — Messieurs, j'ai une communication à vous faire, au nom de la Chambre syndicale de la Compagnie des Hommes d'affaires, qui demande avec insistance que la profession d'hommes d'affaires soit réglementée. Sous ce titre d'homme d'affaires, il se glisse beaucoup trop de personnalités peu consciencieuses, et il en résulte pour ceux qui, dans cette profession très honorable, et ils sont heureusement nombreux, l'exercent avec loyauté, une sorte de défaveur ; nos collègues qui composent la Compagnie des Hommes d'affaires, qui sont tous très honorables, ont un conseil de discipline, demandent qu'on impose à la profession d'hommes d'affaires certaines conditions d'honorabilité.

Tous les Présidents de Syndicats ont reçu cette demande. Elle a du reste fait déjà l'objet d'une première proposition de loi à la Chambre des Députés. Nos collègues demandent qu'elle soit reprise, et si le Syndicat général veut bien appuyer leur proposition, je ne crois pas, messieurs, qu'il y ait lieu de la renvoyer à une Commission ; elle répond à une préoccupation très légitime. Ces messieurs pensent que, dans la profession d'hommes d'affaires, il faut comme dans toutes les professions, beaucoup de loyauté, d'honorabilité, et ils demandent que, pour l'exercer, on jouisse de ses droits civils et de connaissances indispensables pour représenter les justiciables devant les diverses juridictions. S'il n'y a pas d'observations, je demanderai au Comité de Direction de donner un avis favorable à la proposition de nos collègues de la Compagnie des Hommes d'affaires.

M. Cousin. — Je ne fais que reprendre, avec la collaboration de M. Jauffret, le distingué Président des Hommes d'Affaires de France et des Colonies, la proposition de loi faite en 1898 par M. Julien Goujon, député de Rouen, et onze de ses collègues.

La fin de la législature n'a point permis à cette proposition de voir le jour, et aujourd'hui, M. Julien Goujon n'est plus député.

J'ai envoyé cette proposition de loi avec un exposé des motifs à tous les présidents de Chambres du Syndicat Général, avec une lettre, les priant de me répondre si, à leur avis, après examen avec leur Syndicat, ils n'étaient point favorables à cette réforme.

Beaucoup m'ont répondu favorablement ; je leur en exprime ici tous mes remerciements, et je prie ceux qui ne l'ont point encore fait de vouloir bien me répondre.

Il ne s'agit nullement de créer un privilège ou un monopole. La profession d'homme d'affaires continuera comme par le passé à être ouverte à tous, à la condition de justifier de la capacité nécessaire et de l'honorabilité indispensables pour diriger les intérêts d'autrui.

Ce que nous voulons, c'est éloigner les hommes d'affaires véreux qui sont notre honte.

A côté des officiers ministériels, l'homme d'affaires honnête et capable est nécessaire et même indispensable. Il existe quantité d'affaires qui nécessitent des démarches, des déplacements en province, quelquefois à l'étranger, que ni l'avoué, ni l'avocat, ni l'agréé ne peuvent faire, accaparés qu'ils sont par les audiences de chaque jour. C'est en cela que le rôle de l'homme d'affaires se justifie. Mais pour cela, il faut avoir à faire à des hommes honnêtes et capables : c'est pourquoi nous demandons la réglementation.

Tel est le but de la proposition de loi que nous considérons comme une œuvre, disons le mot, de salubrité publique.

Et nous avons l'espoir de la voir aboutir, si vous voulez bien nous donner votre appui moral.

M. le Président. — Voilà donc en quoi se résume la proposition.

M. Brault. — J'appuierai de toutes mes forces le projet de loi, parce que je le trouve parfaitement juste. Je me suis enquis auprès de quelques amis, hommes d'affaires, de la nécessité de ce qu'on peut faire en leur faveur, et j'ai trouvé un bon accueil. Il me semble qu'on pourrait ajouter aux conditions qu'ils ont édictées dans leur demande, celle du stage, qui serait leur garantie en même temps que celle du public. On met comme condition pour s'établir homme d'affaires à Paris ou ailleurs, une déclaration à la Préfecture, en joignant son casier judiciaire. Ne pourrait-on pas leur demander un stage de deux ou trois ans chez un autre agent d'affaires?

M. Kahn. — Mais on a demandé, il y a quelques années, la suppression des agréés et des avoués, et aujourd'hui nous cherchons à mettre de nouveaux hommes d'affaires. Je crois que les hommes d'affaires qui sont connus honorablement n'ont pas besoin d'avoir de certificats. Même avec cette loi, il y aura des hommes d'affaires véreux.

M. Cousin. — Il ne s'agit pas d'instituer les Hommes d'affaires, ils existent et on ne peut pas les supprimer. Il y en a cependant beaucoup qu'on pourrait supprimer, et c'est pour cela qu'on demande la réglementation, c'est pour supprimer les hommes d'affaires véreux. Nous ne voulons pas empêcher la profession d'exister, c'est une profession libre, mais encore faut-il que cette liberté ne soit donnée qu'à des gens honnêtes. Tous les jours, dans les journaux, on voit les méfaits des agents d'affaires. Si la profession était réglementée, si on exigeait des conditions d'honorabilité et de capacité, évidemment, il y en aurait moins.

M. Prevel. — On demande la liberté. Évidemment la liberté est une très belle chose, mais il ne faut pas de licence et toutes les libertés aujourd'hui sont poussées à la licence. Je demande que la liberté soit limitée, qu'elle puisse exister pour les hommes honnêtes, mais pas pour les coquins. Je dis ceci : un individu qui s'intitule homme d'affaires, et qui se charge de représenter ses concitoyens, doit avoir des preuves d'honorabilité et de probité. S'il n'en a pas, ce n'est plus de la liberté, c'est de la licence, et il aura le droit de tromper ses concitoyens pour le plaisir de la liberté qu'il aura eue.

M. le Président. — Les hommes d'affaires sentent bien qu'à côté d'eux il y a des gens qui ne sont pas honnêtes et nuisent à leur réputation.

M. Barthélémy. — Comme corollaire, alors, je demande la responsabilité.

M. Cousin. — Du moment que vous commettez une faute, vous en êtes responsable.

M. Barthélémy. — Dans le notariat, il y a quelque chose de terrible ; le notaire lève le pied et personne n'est responsable.

M. Mallemont. — Je demanderai ce qu'on entend par homme d'affaires. Je croyais que l'homme d'affaires n'était pas privilégié comme l'avocat et que toute personne pouvait se déclarer homme d'affaires. Je voudrais bien que les hommes d'affaires aient un titre, de façon que nous soyons au moins sûrs qu'ils sont honnêtes.

Mais je vais faire remarquer que vous allez créer un privilège, c'est-à-dire un autre ordre. Il faut se demander si les hommes d'affaires sont bien utiles. Et puis, pouvez-vous empêcher que moi ou un autre puisse s'occuper des affaires de son voisin? Il arrive souvent que les commerçants se mettent à s'occuper des affaires de leurs confrères. L'homme d'affaires a-t-il la responsabilité? S'il l'a, je comprends très bien qu'il ait un privilège, mais autrement, s'il ne l'a pas, comment faire? Alors, la question que je pose est celle de savoir si on doit créer un privilège pour les hommes d'affaires.

M. *le Président*. — Tout le monde peut s'en occuper ; je peux vous représenter, et vous pouvez me représenter, mais vous n'aurez pas pour cela la qualité d'homme d'affaires parce que vous n'ouvrirez pas un cabinet, que vous n'exercerez pas cette profession qui est patentée.

M. *Mallemont*. — Alors, c'est la même chose que pour les commerçants qui ne peuvent être commerçants que dans tel cas. La patente d'homme d'affaires ne doit pouvoir être accordée qu'après avoir fait preuve d'honorabilité et de capacité.

M. *le Président*. — Nous sommes d'accord.

Voulez-vous qu'on fasse un rapport sur cette question ?

Réponse. — Non.

Il n'y a pas d'opposition ?

Par conséquent, le Comité de Direction approuve la proposition faite par notre collègue, M. Cousin, au nom de son syndicat.

M. *Cousin*. — Je remercie le Comité.

Chambre Syndicale des Huiles et Graisses Industrielles

Extrait du procès-verbal de la séance du mercredi 29 mai 1907

M. Lhuillier, président, donne lecture de la lettre suivante, en date du 13 mai écoulé de M. le Président du Syndicat des Hommes d'affaires du département de la Seine.

« Paris, 13 mai 1907.

« Monsieur le Président et cher Collègue,

« J'ai l'avantage de vous adresser le texte du projet de loi préparé par notre Syndicat pour la réglementation de la profession d'agent d'affaires.

« Le Syndicat professionnel des Hommes d'affaires de France et des Colonies, qui a bien voulu se solidariser avec nous pour faire aboutir cette réforme, a contribué à la mise au point de ce projet.

« Nous vous le remettons ci-joint, ainsi qu'un exposé des motifs.

« L'appui des Chambres syndicales devant avoir, selon nous, une influence déterminante pour faire aboutir cette proposition de loi, il nous serait agréable que vous vouliez bien l'examiner et nous adresser le résultat de vos observations le plus tôt possible, *en nous faisant savoir si vous n'êtes pas d'avis qu'il faut que la profession d'agent d'affaires soit réglementée dans un but d'intérêt public, afin de ne rendre cette profession accessible qu'à des hommes d'affaires honnêtes et capables.*

« Veuillez agréer, monsieur le Président et cher collègue, l'expression de mes sentiments distingués.

« *Le Président du Syndicat des hommes d'affaires*
du département de la Seine,
« Emile COUSIN. »

La Chambre syndicale, consultée sur l'opportunité de ce projet de loi réglementant la profession d'homme d'affaires, donne à l'unanimité un avis favorable.

CHAMBRE SYNDICALE DES AGRICULTEURS ET VITICULTEURS DE FRANCE

Extrait du procès-verbal de la séance du 5 juin 1907

M. Delaire, président, après avoir fait part à la Chambre de diverses communications, donne lecture de la lettre de M. Cousin, Président du Syndicat des hommes d'affaires du département de la Seine, ainsi que du texte de la proposition et de l'exposé des motifs.

Il ajoute :

Ce projet de loi étant d'intérêt général, nous ne pouvons que nous joindre au Syndicat des Hommes d'affaires, à seule fin que cette profession soit réglementée selon son désir, et présente toute garantie pour l'avenir.

CHAMBRE SYNDICALE DE L'ENCADREMENT

Extrait du procès-verbal de la séance du 21 mai 1907

M. F. Dupré donne lecture d'une lettre du Syndicat des Hommes d'affaires du département de la Seine, demandant notre appui pour faire aboutir une proposition de loi, dans le but d'intérêt public, réglementant la profession d'agent d'affaires.

A cette lettre est joint le projet de loi.

MM. Adolphi et Hériot approuvent pleinement l'initiative du Syndicat des Hommes d'affaires du département de la Seine. Leur projet n'a pas le but de réduire le nombre d'agents et d'amener à quelques-uns plus de clientèle, puisqu'il est dit que le nombre des agents est illimité, mais de réglementer dans un but d'intérêt public et de ne rendre cette profession accessible qu'à des hommes d'affaires honnêtes et capables.

A l'unanimité, le Conseil décide de donner son appui au Syndicat des Hommes d'affaires, dans l'espérance de voir aboutir sa proposition de loi.

CHAMBRE SYNDICALE DES BRASSEURS DE PARIS

Paris, le 14 mai 1907.

Monsieur Emile COUSIN, Président du Syndicat des Hommes d'affaires du département de la Seine, 14, rue Saint-Georges, Paris.

Monsieur le Président,

Je suis en possession de votre estimée du 13 courant et je m'empresse de vous dire que notre Syndicat est absolument d'accord avec le projet de loi que vous préparez pour la réglementation de la profession d'agent d'affaires et nous vous remercions sincèrement d'avoir bien voulu en prendre l'initiative.

Veuillez agréer, Monsieur le Président, l'assurance de ma considération distinguée.

Le Président,

N...

Chambre Syndicale des Courtiers et Experts d'Assurances

du Département de la Seine

Paris, le 14 mai 1907.

Monsieur Emile Cousin, Président du Syndicat des Hommes d'affaires du département de la Seine, 14, rue Saint-Georges, Paris.

Monsieur le Président et cher Collègue,

Nous avons l'avantage de vous accuser réception de votre lettre-circulaire du 13 mai courant, ainsi que du texte de projet de loi préparé par votre Syndicat pour la réglementation de la profession d'agent d'affaires. Notre Syndicat approuve en son entier votre projet, lequel, s'il était admis, donnerait très certainement une grande sécurité aux commerçants et industriels, et permettrait d'éloigner un certain nombre d'individus qui exploitent ce titre dans des conditions absolument déplorables.

Veuillez agréer, Monsieur le Président, l'assurance de mes sentiments les plus distingués.

Le Président,

N...

CHAMBRE SYNDICALE DU SCIAGE ET DU TRAVAIL MÉCANIQUE DES BOIS

Paris, le 16 mai 1907.

A Monsieur le Président du Syndicat des Hommes d'affaires du département de la Seine.

Monsieur le Président,

Réponse à votre honorée du 13 courant :

L'appui moral de notre chambre syndicale vous est très volontiers offert.

Dans sa réunion du 15 courant, le bureau de notre syndicat, après lecture et examen de votre exposé des motifs et du projet de loi qui en découle, a, *unanimement,* été d'avis qu'il convient que la profession d'agent d'affaires soit réglementée, dans un but d'intérêt public, afin de ne rendre cette profession accessible qu'à des hommes d'affaires honnêtes et capables.

Avec nos vœux bien sincères pour la réussite de votre proposition de loi, recevez, Monsieur le Président, l'assurance de mes meilleurs sentiments.

Le Secrétaire : A. PUTEAUX.

CONCLUSION

De la consultation dont nous avons donné les résultats, il ressort que l'utilité d'une modification à l'état de choses actuel est reconnue d'une manière quasi unanime tant par les Chambres de Commerce que par les Syndicats et groupements corporatifs.

Au surplus, nous ne prétendons pas avoir préparé un texte parfait, nous avons cherché uniquement à réunir les principales dispositions qui nous paraissent contribuer plus directement à relever le prestige injustement atteint d'une profession régulière et honorable.

TABLE

Lettre à MM. les Députés et Sénateurs 1
Exposé des motifs. 4
Proposition de Loi 8
Lettre aux Chambres de Commerce. 10
Chambre de Commerce d'Abbeville. 30
    »   d'Amiens. 16
    »   Aurillac 25
    »   d'Auxerre 17
    »   de Beauvais 22-23
    »   de Blois 11
    »   de Caen 20-21
    »   de Cherbourg 19
    »   de Corbeil 19
    »   de Dieppe 25
    »   de Dijon 27-28-29
    »   d'Evreux. 14
    »   de Grenoble 29
Tribunal de Commerce de Grenoble 30
Chambre de Commerce Le Puy 15-16
    »   de Montauban 16
    »   de Mont-de-Marsan 17
    »   de Nîmes 12-13
    »   de Niort. 26
    »   de Perpignan. 11-12
    »   de Rouen 24
    »   de Saumur. 24
    »   de Toulon 18
    »   de Tours. 14-15
    »   de Versailles. 20
Ligue syndicale pour la défense des Intérêts du Travail, de
l'Industrie et du Commerce 31-32
Syndicat général du Commerce et de l'Industrie . . . . 32 à 35
Chambre syndicale des Huiles industrielles 25
   »   des Agriculteurs et Viticulteurs de France . 36
   »   de l'Encadrement. 35
   »   des Brasseurs de Paris 36
   »   des Courtiers et experts d'assurances. . . . 37
   »   du Sciage et du Travail mécanique des Bois . 38
Conclusion. 38

LALOT
IMPRIMEUR
MEAUX

www.ingramcontent.com/pod-product-compliance
Ingram Content Group UK Ltd.
Pitfield, Milton Keynes, MK11 3LW, UK
UKHW022343120726
13694UKWH00004B/1656